BEI GRIN MACHT SICH WISSEN BEZAHLT

- Wir veröffentlichen Ihre Hausarbeit,
  Bachelor- und Masterarbeit

- Ihr eigenes eBook und Buch -
  weltweit in allen wichtigen Shops

- Verdienen Sie an jedem Verkauf

Jetzt bei www.GRIN.com hochladen
und kostenlos publizieren

Bibliografische Information der Deutschen Nationalbibliothek:

Die Deutsche Bibliothek verzeichnet diese Publikation in der Deutschen National-
bibliografie; detaillierte bibliografische Daten sind im Internet über http://dnb.d-
nb.de/ abrufbar.

Impressum:

Copyright © 2002 GRIN Verlag, Open Publishing GmbH
Druck und Bindung: Books on Demand GmbH, Norderstedt Germany
ISBN: 9783638642767

Dieses Buch bei GRIN:

http://www.grin.com/de/e-book/13204/uddi-universal-description-discovery-and-
integration-grundlagen-und

Franziska Meyer

UDDI - Universal Description Discovery and Integration: Grundlagen und Datenstrukturen

GRIN Verlag

GRIN - Your knowledge has value

Der GRIN Verlag publiziert seit 1998 wissenschaftliche Arbeiten von Studenten, Hochschullehrern und anderen Akademikern als eBook und gedrucktes Buch. Die Verlagswebsite www.grin.com ist die ideale Plattform zur Veröffentlichung von Hausarbeiten, Abschlussarbeiten, wissenschaftlichen Aufsätzen, Dissertationen und Fachbüchern.

Besuchen Sie uns im Internet:

http://www.grin.com/

http://www.facebook.com/grincom

http://www.twitter.com/grin_com

UDDI

Universal Description Discovery and Integration

Seminararbeit von: Franziska Meyer

Seminar: The Semantic Web

FH Wedel, SS2002

Inhaltsverzeichnis

Was ist UDDI?

UDDI ist die Bezeichnung für einen Typ von webbasierten Registries, die Informationen über Unternehmen oder Organisationen, sowie über die angebotenen Dienste zur Verfügung stellen. Bei diesen Diensten muss es sich nicht zwangsläufig um die so genannten „Web-Services", d.h. Dienste, die über das Web bereitgestellt werden, handeln. Es kann praktisch jede Art von Dienst in einer solchen Registry abgelegt werden; allerdings wird die Nutzung von UDDI in Verbindung mit Web-Services das Haupt-Anwendungsgebiet sein.

UDDI definiert neben den Datenstrukturen zur Speicherung der Daten auch das Format von Zugriffs-Funktionen in zwei getrennten APIs (*Inquiry API* und *Publication API*).

Eine UDDI Registry besitzt immer einen (oder mehrere) *Operator(s)*, die den Zugriff auf die Registry regeln, üblicherweise durch vorherige Registrierung des Nutzers.

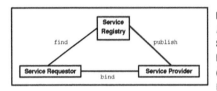

Die Nutzer einer UDDI Registry werden *Service Provider* und *Service Requestor* genannt. Der Service Provider legt die Beschreibung seiner Dienstangebote (z. B. WSDL) in der Registry ab (`publish`). Der Service Requestor sucht in der Registry nach passenden Angeboten (`find`). So wird die Integration von Diensten (`bind`) von Fremdanbietern vereinfacht.

Problemstellung

Die Definition von Datenstrukturen war das Hauptproblem bei der Definition der UDDI Registry. Sie muss Informationen zum Anbieter selbst (Kontaktinformationen), zur Klassifizierung des Anbieters und der angebotenen Dienste, sowie die Adresse zum Aufruf des Dienstes (bei Web-Services) und der zugehörigen Schnittstellenbeschreibung.

Zu jeder Registry gehören neben den Datenstrukturen aber auch die Zugriffsfunktionen zum Speichern, Suchen und Löschen in der Registry. Beim Speichern und Löschen müssen zudem die Berechtigungen des Benutzers überprüft werden. So kann ein Benutzer nur die Daten löschen, die er auch selber gespeichert hat. Eine Authentifizierungs-Methode muss definiert werden und es muss in den Datenstrukturen festgehalten werden, wem welche Daten gehören.

Um eine solche Registry sinnvoll nutzen zu können, ist die Definition von komplexen Suchfunktionen unerlässlich. Dazu gehören auch sinnvolle und erweiterbare Klassifizierungs-Systeme.

Wie UDDI diese Probleme löst, werde ich in den folgenden Kapiteln erläutern.

Wofür steht UDDI?

Die Abkürzung UDDI steht für *Universal Description Discovery and Integration*. Dieser Name zeigt auch schon die verschiedenen Aspekte, die von UDDI behandelt werden:

Description

„Description" = Beschreibung. Unternehmen können sich und ihre Dienste mit den von UDDI bereitgestellten Datenstrukturen (`businessEntity`, `businessService`,...) beschreiben.

Discovery

„Discovery" = Entdecken. UDDI definiert eine Schnittstelle zum Suchen in der Registry (find_business, ...) und ermöglicht die Klassifizierung von Unternehmen und Diensten. Das Suchen in der Registry kann manuell (über ein Web-Browser-Interface), aber auch, hier liegt die Stärke von UDDI im Gegensatz zu herkömmlichen Suchmaschinen, automatisch, d.h. mit Hilfe eines Programms, das das UDDI API benutzt, erfolgen.

Integration

Integration bedeutet in diesem Fall die Integration von Diensten Fremdanbieter in den eigenen Geschäftsprozess. Diese Integration kann zur Laufzeit erfolgen („dynamic bind"). In diesem Fall würde ein Programm in der Registry selbstständig einen passenden Anbieter suchen und dessen Dienst aufrufen. Ein mögliches Szenario hierfür wäre eine automatische Preisabfrage, die den günstigsten Anbieter eines bestimmten Dienstes auswählt.

Die automatische Integration von Diensten kann aber nur erfolgen, wenn bestimmte Standards festgelegt sind, die von allen in der Registry registrierten Dienstanbietern anerkannt werden. Denn das Programm, das in der Registry sucht, muss das Format und die Bedeutung des angebotenen Dienstes vorher kennen.

Entstehung

UDDI ist das Projekt eines Firmen-Konsortiums (uddi.org), unter Beteiligung großer Unternehmen, z.B. Microsoft, IBM und Ariba). Es wurde im September 2000 ins Leben gerufen. Das Ziel dieses Projektes war, ausgehend von den bestehenden Standards (HTTP, XML und SOAP) die Geschäftsabwicklung über das Internet zu vereinfachen und zu standardisieren.

Die erste Implementierung einer UDDI Registry ging im Mai 2001 ans Netz. Sie existiert auch heute noch unter dem Namen „UDDI Business Registry".

Die erste Definition von UDDI (UDDI V1) stammt von 30. September 2000. Es gibt mittlerweile auch schon die zweite Version (UDDI V2) vom 8. Juni 2001, die einige Verbesserungen in der Suchfunktionalität und eine neue Datenstruktur enthält.

Heute sind ca. 310 Unternehmen am UDDI Projekt beteiligt.

Am 3. Juli 2002 erschien die dritte Version UDDI V3. Unter Anderem werden jetzt digitale Signaturen für die Daten, erweiterte Authentifizierungs-Mechanismen und zusätzliche Such- und Klassifizierungsmöglichkeiten unterstützt. Auf die Neuerungen von V3 werde ich im Folgenden nicht eingehen, da dies den Rahmen dieser Arbeit sprengen würde, sie sind aber in dem Dokument http://www.uddi.org/pubs/uddi_v3_features.htm zusammengefasst.

Vorteile der UDDI-Registry

Die UDDI Registry hat klare Vorteile gegenüber herkömmlichen Suchmaschinen und Portalen. Es ist nun möglich das Ergebnis einer Suchanfrage maschinell weiterverarbeiten zu lassen.

Immer mehr Unternehmen aus aller Welt bieten ähnliche Dienste über das Web an. Es ist nicht immer einfach aus dieser Menge von Anbietern den Richtigen herauszufinden. UDDI vereinfacht zu dem die Kontaktaufnahme mit neuen Geschäftspartnern, da diese über einen standardisierten Weg erfolgen kann. Die Integration von externen Diensten in den eigenen Geschäftsprozess wird erleichtert. Das steigert die Effizienz und führt zu Kostenersparnis. So fördert UDDI den E-Commerce (vor allem den B2B-Bereich).

Ein weiterer wichtiger Vorteil ist die Plattformunabhängigkeit. Wenn die Service Provider und Service Requestors aus verschiedenen Teilen der Welt kommen, muss dennoch sichergestellt werden, dass die UDDI Registry von jedem genutzt werden kann. UDDI erreicht das, indem es sich auf standardisierte Internet-Technologie (HTTP, XML und SOAP) stützt.

Die UDDI Business Registry

Mit „UDDI Business Registry" wird die erste Implementierung der UDDI Registry bezeichnet. In dieser Registry darf jeder ohne Zugangsbeschränkung suchen. Nach Registrierung bei einem der UDDI Business Registry-Operators kann auch jeder dort seine Dienste anbieten.

Die UDDI Business Registry Operators

Jeder dieser Operatoren betreibt einen Server, auf dem eine Kopie der Business Registry liegt. Er stellt die spezifizierten Zugriffsfunktionen zur Verfügung und regelt den Zugriff auf die Registry. Damit die Kopien auf den unterschiedlichen Servern zu jeder Zeit identisch sind, definiert UDDI einen Standard für die Replikation der UDDI Datenbanken. Dieser ist in http://www.uddi.org/pubs/Replication-V2.00-Open-20010608.pdf beschrieben. Zurzeit gibt es 2 Business Registry Operators (IBM und Microsoft), aber auch HP und SAP werden bald dazu gehören.

Registrars

Mit „Registrars" werden Unternehmen bezeichnet, die für andere Unternehmen die Registrierung in der UDDI Business Registry übernehmen.

Überblick: UDDI API in der UDDI Business Registry

Die UDDI-Operationen sind als SOAP Messages definiert. Im Body dieser SOAP-Messages werden die Daten oder Funktionsaufrufe als XML-Dokumente übermittelt. Bei Fehlern werden SOAP Fault-Messages zurückgeschickt.

Grundsätzlich kann man zwei verschiedene UDDI APIs unterscheiden: Das Publication API und das Inquiry API.

Das Publication API

Das Publication API ermöglicht das Hinzufügen, Ändern und Löschen von Daten in der UDDI Registry. Um Funktionen dieses APIs zu nutzen muss der Benutzer sich zuerst authentifizieren. Die gesamte Kommunikation läuft über HTTPS.

Das Inquiry API

Das Inquiry API ermöglicht das Durchsuchen der UDDI Registry. Bei der UDDI Business Registry besteht keine Zugangskontrolle und die Kommunikation läuft über HTTP.

Beispiel für eine Inquiry-Message

```
POST /adresse HTTP/1.1
Host: www.uddioperator.com
Content-Type: text/xml; charset="utf-8"
Content-Length: nnnn
SOAPAction: ""
<? xml version="1.0" encoding="UTF-8" ?>
<Envelope xmlns="http://schemas.xmlsoap.org/soap/envelope/">
    <Body>
        <find_business generic="2.0" xmlns="urn:uddi-org:api_v2">
        ...
        </find_business>
    </Body>
</Envelope>
```

Der Benutzer schickt an den Host www.uddioperator.com den Funktionsaufruf find_business. Im XML-Dokument werden die Suchkriterien angegeben. Diese habe ich aus Gründen der Übersichtlichkeit weggelassen. Auf das genaue Format der Funktionsaufrufe werde ich in den folgenden Kapiteln eingehen.

Die Standard-Klassifizierungssysteme

UDDI definiert 3 Standard-Klassifizierungssysteme zur Klassifizierung von Unternehmen und Diensten: NAICS (North American Industry Classification System), UNSPC (Universal Standard Products and Service Classification) und ISO 3166 (geographische Klassifizierung).

Das ist nicht gerade viel, es ist aber möglich, eigene, z.B. spartenspezifische Klassifizierungssysteme zu definieren.

Grundlegende Datenstrukturen

Das tModel-Konzept

tModels in einer UDDI Registry sind abstrakte Beschreibungen von Service-Typen oder Klassifizierungssystemen. Jeder kann eigene tModels definieren, die dann von jedem referenziert werden können. Die tModels beinhalten selbst keine konkrete Spezifikation, sie verweisen lediglich auf solche Dokumente (z.B. WSDL).

tModels können selber in Kategorien eingeteilt werden. So kann zum Beispiel festgelegt werden, dass es sich bei einem tModel um die Repräsentation einer WSDL-Beschreibung eines Web-Services handelt. UDDI definiert ein Wurzel-tModel und einige Sub-Kategorien (z.b. categorization, specification oder soapSpec), unter denen alle anderen neuen tModels einsortiert werden können. Dadurch ergibt sich eine hierarchische Struktur innerhalb aller definierten tModels, was bei der Suche nach bestimmten tModels sehr hilfreich ist.

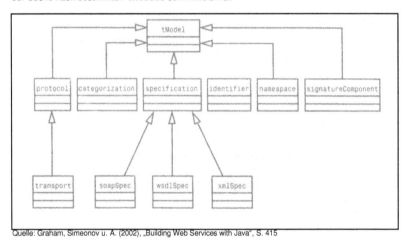

Quelle: Graham, Simeonov u. A. (2002), „Building Web Services with Java", S. 415

Anwendung

tModels können auch als „technical fingerprint" bezeichnet werden. Sie repräsentieren Übereinkünfte für die Form von angebotenen Diensten. Ein Beispiel hierfür wäre folgendes Szenario: Ein Unternehmen hat sich eine neue Software für die Geschäftsabwicklung über das Internet gekauft. Nun sucht es nach möglichen Geschäftspartnern, die ebenfalls diese Software nutzen. Der Hersteller dieser E-Commerce-Software hat in der UDDI-Registry ein tModel, das seine Software repräsentiert, registriert. Alle Unternehmen, die diese Software nutzen, haben dieses tModel bei der Registrierung ihre Services angegeben. So können schnell alle möglichen Geschäftspartner gefunden werden.

Eine andere Anwendungsmöglichkeit wäre die Definitionen von zusätzlichen Klassifizierungssystemen. So könnten zum Beispiel die Yahoo!-Kategorien als tModel definiert werden. Die angebotenen Dienste könnten jetzt auch nach diesem Klassifizierungssystem eingeordnet werden. Wie das genau funktioniert werde ich im Kapitel „Identifier und Kategorien" erläutern.

Die Datenstruktur tModel

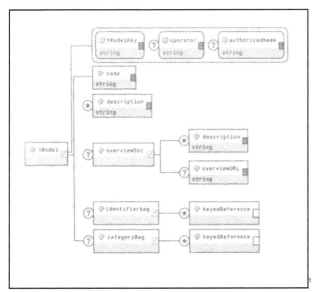

Quelle: Graham, Simeonov u. A. (2002), „Building Web Services with Java", S. 405

Jede Datenstruktur hat in UDDI einen eindeutigen Key, damit sie eindeutig referenziert werden kann. Hier ist das der „tModelKey". Als Attribut wird auch der Benutzername, der es registriert hat als Attribut festgehalten. So kann später festgestellt werden, wer der „Besitzer" dieser Datenstruktur ist und somit die Berechtigung zum Löschen hat.

Jedes tModel hat einen Namen und optional eine oder mehrere Beschreibung(en). Das optionale „overviewDoc" verweist auf die konkrete Spezifikation. Es kann eine URL angegeben werden, an der das Spezifikations-Dokument abgerufen werden kann.

Mit Hilfe des identifierBag und des categoryBag kann das tModel in die tModel-Hierarchie eingeordnet werden. Mehr dazu im Kapitel „Identifier und Kategorien".

---

[1] Die abgerundeten Rechtecke stehen für Attribute, die eckigen für Felder oder Container.

Beispiel für tModel-Definition – „NAICS"-Klassifizierungssystem

Auch die Standard-Klassifizierungssystem in einer UDDI-Registry sind durch tModels definiert. Für das NAICS-Klassifizierungssystem findet man dort folgende Definition:

```
<tModel tModelKey="UUID:C0B9FE13-179F-413D-8A5B-5004DB8E5BB2">
    <name>ntis-gov:naics:1997</name>
    <description xml:lang="en">Business Taxonomy: NAICS (1997 Release)
    </description>
    <overviewDoc>
        <description xml:lang="en">This tModel defines the NAICS Industry
                      taxonomy.</description>
        <overviewURL>http://www.uddi.org/specification.html</overviewURL>
    <overviewDoc>
    <categoryBag>
        <keyedReference keyName="types" keyValue="categorization"
            tModelKey="UUID:C1ACF26D-9672-4404-9D70-39B756E62AB4">
    </categoryBag>
</tModel>
```

In dieser Definition ist kein Benutzername eingetragen, da es ein Standard-tModel ist, das von niemandem gelöscht werden kann. Bei der Definition eigener tModels wird der Benutzername vom Operator automatisch mitgespeichert.

Im „categoryBag" befindet sich ein Verweis auf ein tModel der UDDI types-Taxonomie, das es als Klassifizierungs-tModel auszeichnet.

Die businessEntity-Struktur

Die zweite wichtige Datenstruktur in der UDDI Registry ist die „businessEntity"-Struktur. Sie dient zur Beschreibung eines Unternehmens und als Container für die Services dieses Unternehmens. Bei einer Suche in der UDDI Registry wird immer zunächst nach businessEntity-Strukturen gesucht werden. Es ist nicht möglich direkt innerhalb aller registrierten businessServices zu suchen. Daher kommt der businessEntity große Bedeutung zu.

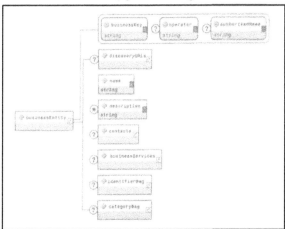

Quelle: Graham, Simeonov u. A. (2002), „Building Web Services with Java", S. 420

Gespeichert werden in der businessEntity:
Der Name des Unternehmens, eine Beschreibung, Verweise auf Kontaktinformationen und auf Dienste. Es kann auch eine „discoveryURL" angegeben werden. Diese würde dann auf einen zusätzlichen Speicherort für die businessEntity-Informationen verweisen.
Die Kontaktinformationen werden durch eine eigene Datenstruktur, die Informationen wie Name, Adresse oder Telefonnummer enthält, repräsentiert. Für jede dieser contact-Datenstrukturen, kann ein Attribut „useType" gesetzt werden, das angibt, um welche Art von Kontakt es sich handelt. So könnte es z.B. verschiedene Telefonnummern für Technical Support, Marketing & Sales etc. geben. Über ein weiteres Attribut „sortCode" kann die Reihenfolge der Darstellung der verschiedenen Kontaktinformationen gesteuert werden.

Die businessService-Struktur

In der Datenstruktur „businessService" werden alle Informationen, die die Dienste des Unternehmens betreffen, gespeichert.

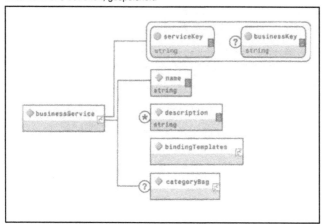

Quelle: Graham, Simeonov u. A. (2002), „Building Web Services with Java", S. 427

Durch die Angabe eines "businessKey"s wird der businessService einer businessEntity-Struktur zugeordnet. Die businessService-Struktur enthält den bindingTemplates-Container, der technische Spezifikationen des Services enthält.

Die bindingTemplate-Struktur

Im „bindingTemplate" sind die Informationen gespeichert, die benötigt werden, um den Dienst aufzurufen. Dies macht natürlich nur für Web Services Sinn, denn diese können ja nach der Suche in der UDDI Registry gleich aufgerufen werden.

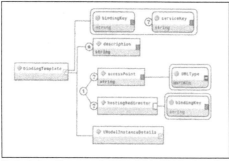

Quelle: Graham, Simeonov u. A. (2002), „Building Web Services with Java", S. 427

Ein Service kann mehrere bindingTemplates besitzen, das bedeutet der gleiche Service kann auf unterschiedliche Weise implementiert werden.

Damit ein `bindingTemplate` einem Service zugeordnet werden kann, wird der `serviceKey` des zugehörigen Services als Attribut mitgespeichert. Es kann alternativ ein `accessPoint` oder ein `hostingRedirector` angegeben werden. Der `accessPoint` beinhaltet die Angabe einer URL zum Aufruf eines Services. Gültige Typen für diese URL sind: http, mailto, https, ftp, fax, phone und other. Ein `hostingRedirector` verweist auf eine andere `bindingTemplate`-Struktur, in der der `accessPoint` gespeichert ist.

Der `tModelInstanceDetails`-Container erlaubt die Angabe mehrerer Spezifikations-`tModels`, zu denen der angebotene Service kompatibel ist. Hier würde in dem Beispiel mit der E-Commerce-Software (s.o.) der `tModelKey` des betreffenden `tModels` für die Software angegeben werden.

UDDI V2: Die publisherAssertion-Struktur

Bis UDDI V1 war es zwar möglich mehrere `businessEntity`-Records zu speichern, es war aber nicht möglich, Beziehungen zwischen diesen darzustellen. In UDDI V2 wurde dafür eine neue Datenstruktur eingeführt – die `publisherAssertion`.

Sie eignet sich zum Einen für große Unternehmen z.B. mit Tochterunternehmen, oder auch zum Darstellen von Beziehungen zwischen Geschäftspartnern.

Eine solche Beziehung wird allerdings erst sichtbar, wenn beide Parteien bestätigen, das die Angaben korrekt sind, oder wenn beide betreffenden `businessEntity`-Struktur einem Eigentümer gehören.

Mögliche Arten für Beziehungen sind: `parent-child` (Mutter- und Tochterunternehmen), `peer-peer` (Geschäftspartner), `identity` (beide bezeichnen das Selbe Unternehmen).

Hier ein Beispiel für eine `parent-child`-Beziehung:

```
<publisherAssertion>
      <!-- Microsoft -->
    <fromKey>ABC437DF-713A-ED41-154C-1547A3B64641</fromKey>
      <!-- Microsoft Deutschland -->
      <toKey>ABC437DF-713A-ED41-1547A3B64641</toKey>
    <keyedReference tModelKey="„uuid:807A2C6A-EE22-470D-ADC7-E0424A337C03"
      keyValue="„parent-child"/>
</publisherAssertion>
```

Mit dieser `publisherAssertion` wird „Microsoft Deutschland" als Tochterunternehmen von „Microsoft" markiert.

Identifier und Kategorien

Der identifierBag

Damit ein Unternehmen in der UDDI Registry auch über andere Identifkatoren, z. B. die D-U-N-S©-Nummer, gefunden werden kann, können im identifierBag-Container sogenannte „keyedReference"-Elemente angegeben werden. Diese beinhalten neben Name/Wert-Paaren, die unter Umständen doppeldeutig sein können, einen eindeutigen tModelKey als Namensraumdefinition. Nur businessEntity und tModel-Strukturen besitzen einen identifierBag.

Beispiele für die Benutzung des identiferBag und der keyedReference-Elemente:

```
<identifierBag>
    <!-- Referenz auf D-U-N-S®-Nr. für eine businessEntity -->
    <keyedReference keyName=„DUNS" keyValue=„00-111-1111"
        tModelKey=„UUID:4E49A8D6-D5A2-4FC2-93A0-0411D8D19E88"/>
</identifierBag>
```

Dieser identifierBag identifiziert eine businessEntity mit einer D-U-N-S®-Nr.

```
<identifierBag>
    <!-- Referenz auf UDDI types für ein tModel -->
    <keyedReference keyName=„types" keyValue=„specification"
        tModelKey=„UUID:C1ACF26D-9672-4404-9D70-39B756E62AB4"/>
</identifierBag>
```

Dieser identifierBag steht in einer tModel-Struktur. Es markiert dieses tModel als Spezifikations-tModel.

Der categoryBag

Mit Hilfe des categoryBags findet die Einordnung von businessEntity-, businessService- oder tModel-Strukturen in Kategorien statt. Ein großes Problem dabei ist, dass bei Einordnung in die Standard-Klassifizierungssysteme die Resultat-Mengen innerhalb einer Kategorie bei immer mehr registrierten Unternehmen schnell unüberschaubar werden. UDDI bietet, abgesehen von der Erweiterung um neue Klassifizierungssysteme, hier keine ausreichende Suchfunktionalität. Es werden zusätzliche Suchmaschinen benötigt, die die Resultate filtern. Diese Rolle müssten dann Portale oder die herkömmlichen Suchmaschinen übernehmen.

Die Verwendung des categoryBags unterscheidet sich nicht im Format nicht von der des identifierBags. Es wird ebenfalls ein keyedReference-Element verwendet.

Beispiel:

```
<categoryBag>
    <!-- Referenz auf ISO 3166 für eine businessEntity -->
    <keyedReference keyName=„New York" keyValue=„US-NY"
        tModelKey=„UUID:4E49A8D6-D5A2-4FC2-93A0-0411D8D19E88"/>
</categoryBag>
```

Dieser categoryBag ordnet die businessEntity in das geographische Klassifizierungssystem ein.

Das Publication API

Authentifizierung

Bevor die Operationen des Publication APIs durchgeführt werden können, muss zunächst festgestellt werden, ob der Benutzer, auch die erforderlichen Berechtigungen besitzt. Zu diesem Zweck hat er bei der Anmeldung von dem UDDI Operator einen Benutzernamen und ein Passwort bekommen. Vor dem Aufruf einer Publication API-Funktion, muss er sich nun zunächst mit diesem Benutzernamen und diesem Passwort identifizieren. Dazu ruft er die Funktion `get_AuthToken` auf. Ist die Überprüfung von Benutzername und Passwort erfolgreich, sendet der UDDI-Server einen sogenannten „Authentication Token" als eindeutige Session-ID zurück. Diese Session-ID gibt der Benutzer bei allen folgenden Operationen an. Das hat den Vorteil, das der Benutzer nicht bei jedem Aufruf sich neu mit Benutzername und Passwort identifizieren muss, was zu Performance-Gewinn führt. Er kann mehrere Operationen hintereinander also in einer „Session" ausführen. Hat er alle Aktionen ausgeführt, ruft er die Funktion `discard_authToken` auf. Die Session-ID wird gelöscht und kann nicht mehr verwendet werden.

Die gesamte Kommunikation läuft verschlüsselt über HTTPS ab. So werden Benutzername und Passwort nicht wie bei HTTP in Klarschrift übertragen.

Bei der Angabe eines falschen Benutzernamens oder eines falschen Passworts schlägt die Identifizierung fehl. Das Ergebnis ist in diesem Fall eine SOAP Fault-Message mit dem Fehler `E_UnknownUser`.

Die save-Operationen

Für jede der oben genannten Datenstrukturen gibt es eine entsprechende `save`-Operation. Die Operationen werden als XML-Elemente übermittelt und enthalten die zu speichernde(n) Datenstruktur(en). Wird das jeweilige Key-Feld (`businessKey`, `serviceKey`, ...) leer gelassen, wird angenommen, das es sich um einen neuen Eintrag handelt. Ist der Key vorhanden, wird der betreffende Record geändert.

Diese Operationen liefern bei Erfolg die gespeicherten Daten + automatisch-generierter Key-Wert (bei neuem Eintrag) zurück.

Folgende Operationen sind definiert:

`save_business, save_service, save_tModel, save_binding.`

Ab UDDI V2 auch: `set_PublisherAssertion` (Statusveränderung einer `publisherAssertion`) und `add_publisherAssertion` (neue `publisherAssertion`). Die beiden verschiedenen Operationen sind notwendig, da die `publisherAssertions` keinen Key-Wert besitzen, über den sie ansprechbar sind.

Beispiel:

```
<save_business generic="2.0" xmlns="urn:uddi-org:api_v2" >
    <authInfo/>
    <businessEntity/> [<businessEntity/>…]
</save_business>
```

Die delete-Operationen

Zu jeder Datenstruktur gibt es, ähnlich wie auch bei den save-Operationen, eine entsprechende delete-Operation. Diesen delete-Operationen wird nur der Key-Wert der zu löschenden Datenstruktur übergeben.

Eine Ausnahme bei den delete-Operationen bildet die delete_tmodel-Operation. Ein tModel wird nicht sofort gelöscht, da es ja theoretisch von jedem referenziert werden kann und es so zu Inkonsistenzen in der Datenbank kommen könnte. Das betreffende tModel wird allerdings versteckt, und kann von nicht mehr neu referenziert werden.

Der Operation delete_publisherAssertion wird die ganze zu löschende publisherAssertion übergeben, da hier kein Key-Wert definiert ist. Die Datenstruktur muss exakt übereinstimmen, damit sie gelöscht wird.

Definierte Operationen sind: delete_business, delete_service, delete_tModel und delete_binding.

Ab UDDI V2 auch: delete_publisherAssertion.

Spezielle Operationen, die Authentifizierung benötigen

Zusätzlich zu den save- und delete-Operationen gibt es noch drei andere Operationen, für die sich ein Benutzer authentifizieren muss:

get_registeredInfo: Liefert eine Liste aller von dem betreffenden Benutzer gespeicherten Daten zurück.

Ab UDDI V2:

get_publisherAssertions: Liefert eine Liste aller von dem Benutzer festgelegten publisherAssertions zurück.

get_AssertionStatusReport: Liefert den Status aller bestehenden aber auch aller noch offenen Assertions. Hier sieht man zum Beispiel auch, ob ein anderes Unternehmen eine publisherAssertion definiert hat, die einen eigenen businessEntity-Eintrag mit einbezieht. Mögliche Statuswerte sind: complete, toKey_Incomplete, fromKey_Incomplete.

Das Inquiry API

Die find-Operationen

Mit Hilfe der find-Operationen kann in der UDDI Registry gesucht werden. Die Anzahl der zurückgelieferten Resultate ist durch das Attribut maxRows begrenzbar. Die Suche kann nach genau einem der folgenden Kriterien erfolgen: Name, Kategorie, Identifier, tModel oder discoveryURL. Zusätzliche Suchparameter können durch die findQualifiers festgelegt werden:

exactNameMatch – der Wert muss genau mit dem Suchgriff übereinstimmen

caseSensitiveMatch – Groß- und Kleinschreibung wird beachtet

sortByNameAsc, sortByNameDesc, sortByDateAsc, sortByDateDesc – Sortierung steuern

Ab UDDI V2 kamen noch einige dazu:

orLikeKeys – Bei Suche im categoryBag oder identifierBag werden bei gleicher Namensraumdefinition (tModelKey) die Suchbegriffe mit „ODER" verknüpft.

orAllKeys – Bei Suche im categoryBag oder identifierBag werden alle Suchbegriffe mit „ODER" verknüpft.

andAllKeys - Bei Suche im categoryBag oder identifierBag werden alle Suchbegriffe mit „UND" verknüpft. Dieses Verhalten ist Standard.

combineCategoryBags – Suche in den categoryBags von businessEntity UND businessService (nur bei find_business).

serviceSubset – Suche nur im categoryBag der zugehörigen businessServices (nur bei find_business).

soundex – Suche nach ähnlich klingenden Namen.

Es gibt zu jeder der oben dargestellten Datenstrukturen eine find-Operation.

find_business liefert eine Liste von businessKeys + Name + Beschreibung zurück.

find_service liefert eine Liste von serviceKeys zurück. Um find_service aufzurufen wird allerdings ein businessKey benötigt, d.h. es ist nur möglich innerhalb der Services eines Unternehmens zurzeit zu suchen.

find_binding benötigt einen serviceKey und liefert eine Liste von bindingTemplate-Strukturen.

find_tModel liefert eine Liste von tModelKeys + Beschreibung

Ab UDDI V2 gibt es zusätzlich die Operation find_relatedBusinesses. Sie liefert die Keys aller Unternehmen zurück die mit dem betreffenden Unternehmen eine publisherAssertion gespeichert haben.

Die getDetail-Operationen

Die find-Operationen liefern, abgesehen von find_binding, jeweils nur einen Key und eine kurze Beschreibung zurück. Benötigt man aber die Datenstruktur selbst, muss man eine getDetail-Operation mit den ermittelten Keys aufrufen.

Verfügbare Operationen sind: get_businessDetail, get_serviceDetail, get_bindingDetail, get_tModelDetail.

Private UDDI Registries

Wozu eine private UDDI Registry?

Die UDDI Business Registry ist allen frei zugänglich. Was ist aber, wenn man seine Informationen und Dienste nur ausgewählten Partnern zur Verfügung stellen möchte? Wenn man selber einen UDDI Registry Server betreibt, kann man die Berechtigungen selbst vergeben und z.B. auch für das Inquiry API Authentifizierung verlangen. Wenn der Server in der eigenen Hand ist, ist man auch nicht mehr abhängig von anderen Serverbetreibern und hat selbst die Möglichkeit die Verfügbarkeit der Informationen sicherzustellen. Auch sind nicht alle Einträge der UDDI Business Registry für jedes Unternehmen interessant. Mit Hilfe einer privaten UDDI Registry kann eine Auswahl getroffen werden, es können spartenspezifische Funktionalität hinzugefügt werden.

Die Daten, die eingetragen werden, können von der Aufnahme darauf geprüft werden, ob sie mit den festgelegten Standards kompatibel sind. Das ist wichtig, wenn man mit „dynamic bind", d.h. dem automatischen Aufrufen von Web Services, arbeiten möchte. Hierbei braucht man auch die Sicherheit, dass man an vertrauenswürdige Partner gerät, was durch eine private Registry sichergestellt werden kann.

Zusätzlich kann es auch für das Marketing interessant sein, die Aktionen der registrierten Mitglieder zu überwachen, um so ihre Interessen herauszufinden, indem man die Logfiles der UDDI Server auswertet, was bei der UDDI Business Registry höchstens den Operatoren (Microsoft oder IBM) möglich wäre.

5 Anwendungs-Szenarien für private UDDI Registries

E-Marketplace

Ein E-Marketplace ist eine UDDI Registry für eine spezielle Sparte (z.B. Unterhaltungselektronik). Nur Unternehmen dieser Sparte werden nach Prüfung zugelassen. Der Zugriff erfolgt wie bei der UDDI Business Registry über das Internet. Es werden spartenspezifische Klassifizierungssysteme angeboten. Jedes Mitglied muss sich für alle Operationen authentifizieren. Das ermöglicht dem Betreiber wertvolle Marketing-Informationen zu sammeln.

Portal UDDI

Mit Portal UDDI wird eine UDDI Registry bezeichnet, die auschließlich Angeboten EINES Unternehmens enthält. Der Registry Server einer Portal UDDI Registry befindet sich üblicherweise in der DMZ des Unternehemens-Netzes. So kann mit Hilfe von Firewalls der Zugriff geregelt werden. Das Inquiry API ist über das Internet zugänglich, während das Publication API nur intern genutzt werden kann.

Üblicherweise wird ein Unternehmen, das eine Portal UDDI Registry betreibt, zusätzlich einen Eintrag in der UDDI Business Registry besitzen, der über die discoveryURL auf die eigene Registry verweist.

Partner Catalog

Der Partnet Catalog enthält nur Einträge von Geschäftspartnern, mit denen das betreffende Unternehmen schon Geschäftsbeziehungen unterhält. Diese UDDI Registry wird nur von den Applikationen des Unternehmens, z.B. zum Ermitteln des günstigsten Anbieters, genutzt. Daher befindet sich der Registry-Server auch im Intranet, ist also nicht vom Internet aus ansprechbar. Da alle möglichen Partner bereits bekannt und vertrauenswürdig sind, besteht kein Risiko bei der Benutzung von „dynamic bind". Die Einträge in einer solchen Registry können und müssen vorher allerdings auf Kompatibilität geprüft werden. Gegebenenfalls werden Einträge aus der UDDI Business Registry übernommen.

EAI UDDI (Internal Enterprise Application Integration)

EAI UDDI ist eine Sonderform des Partner Catalogs. In dieser Registry werden nur innerbetriebliche Dienste festgehalten. Eine `businessEntity` könnte in diesem Fall einer Abteilung des Unternehmens entsprechen, die bestimmte Dienste für andere Abteilungen anbietet. Der Vorteil eines solchen Ansatzes ist, das Standards festgelegt werden können, die die Zusammenarbeit von verschiedenen Abteilungen reibungsloser gestalten.

Test UDDI

Eine Test UDDI Registry wird, wie ihr Name schon sagt, zum Testen von Applikationen, die mit den UDDI APIs arbeiten, sowie zum Prüfen der Daten auf Kompatibilität mit den bestehenden Applikationen verwendet. Ein Beispiel für eine solche Test Registry werde ich im Kapitel „Beispiel-Implementierung" vorstellen.

SOAP und UDDI

UDDI benutzt SOAP lediglich als Datenübertragungsprotokoll, daher werden auch nicht alle Möglichkeiten ausgenutzt.

Bei Fehlern werden SOAP Fault-Messages zurückgeliefert, der Fehlercode wird aber als XML-Dokument im Body übermittelt.

UDDI V2 hat aus Kompatibilitätsgründen die Nutzung des SOAPAction HTTP-Headers erlaubt. Er kann in diesem Fall den Namen der auszuführenden UDDI-Operation beinhalten (z.B. find_business), wird aber nicht weiter ausgewertet.

Alle anderen Funktionen, z.B. SOAP Headers oder SOAP Encoding werden nicht unterstützt.

SOAP Fault-Messages

Es werden drei verschiedene Arten von SOAP Faults zurückgeliefert:

`VersionMismatch`: ungültiger Namenspace für Envelope-Element. Der Namespace muss den Wert http://schemas.xmlsoap.org/soap/envelope/ haben.

`MustUnderstand`: Es wurde ein SOAP Header übermittelt, der mit `MustUnderstand` gekennzeichnet ist. Da UDDI SOAP Header nicht unterstützt, führt dies zu einem Fehler. SOAP Header ohne `MustUnderstand` erzeugen keinen SOAP Fault.

`Client`: Dieser SOAP Fault wird zurückgeliefert, wenn in der UDDI Operation ein Fehler aufgetreten ist. Die Fehlerbeschreibung wird im Body zurückgeliefert. Die UDDI-Fehlercodes werden in http://www.uddi.org/pubs/ProgrammersAPI-V2.00-Open-20010608.pdf beschrieben.

Beispiel-Implementierung

Zur Erstellung meiner Beispiel-Applikation habe ich folgende System-Konfiguration verwendet:

OS: SuSE Linux 8.0 (www.suse.de)

Datenbanksystem: Cloudscape 4.0 (J2EE) (java.sun.com)

UDDI-Server: WASP UDDI Standard 3.1 (www.systinet.com)

SOAP Application Server: WASP Lite 3.1 (www.systinet.com)

Der Sourcecode der Beispiel-Applikation befindet sich im Anhang.

Auf dem WASP Lite-Server habe ich zwei `priceCheck`-Applikationen installiert, die zu der WSDL Beschreibung im Anhang passen. Die eine Applikation liefert einen höheren Preis zurück als die andere.

Über das bei WASP UDDI Standard 3.1 mitgelieferte Browser-Interface habe ich zwei Benutzer eingerichtet. Ich habe ein `tModel` definiert, das den Standard für Preis-Auskunft repräsentiert. Jeder Benutzer besitzt eine `businessEntity`-Struktur und einen `priceCheck`-Service, der das `tModel` Preis-Auskunft referenziert.

Mein Testprogramm nutzt das mit WASP mitgelieferte Java UDDI API, um in der Registry zunächst nach dem tModelKey des Preis-tModels zu suchen, dann nach registrierten Services, die diesem tModel entsprechen. Schließlich wird für jeden dieser Services der accessPoint ermittelt und der Service aufgerufen.

Dies ist ein sehr vereinfachtes Szenario, aber zeigt die grundsätzliche Vorgehensweise beim automatischen Suchen in der UDDI Registry. Es wird immer zuerst nach businessKeys gesucht und dann in verschachtelten Schleifen bis zur bindingTemplate-Struktur weitergesucht.

Fazit

Web Services sind ein in den Fachzeitschriften aktuell viel diskutiertes Thema. UDDI bietet in diesem Zusammenhang eine neue Art von Suchfunktionalität. Web Services können jetzt automatisch gefunden werden, da die Suchergebnisse maschinell verarbeitbar sind. Allerdings hängt der Nutzen, den UDDI zukünftig haben wird, in großem Maße davon ab, ob sich tatsächlich Standards für die verschiedenen Arten von angebotenen Web Services durchsetzen werden. Es ist zu befürchten, dass viele Unternehmen auch in diesem Bereich versuchen werden ihre eigenen „Standards" zu erfinden, was die Vorteile von UDDI gegenüber herkömmlichen Suchmaschinen zunichte machen würde. Die UDDI Business Registry enthält, mehr als ein Jahr nach ihrer Eröffnung, kaum „echte" Web Services, sondern in vielen Fällen nur Verweise auf die Website des betreffenden Unternehmens. Es wird sich noch zeigen müssen, ob sich das durchaus interessante Konzept von UDDI, auch nachdem der Hype um Web Services zu Ende sein wird, noch durchsetzen können wird.

Quellenangaben

[1] Graham, Simeonov u. A. (2002): „Building Web Services with Java™":"Making Sense of XML, SOAP, WSDL and UDDI". Sams Publishing, Indianapolis.

[2] Das UDDI-Projekt: http://www.uddi.org/

[3] Ehnebuske, Rogers, Rieger (2001): „UDDI Version 2.0 Data Structure Reference". http://www.uddi.org/pubs/DataStructure-V2.00-Open-20010608.pdf

[4] McKee, Ehnebuske, Rogers (2001): „UDDI Version 2.0 API Specification". http://www.uddi.org/pubs/ProgrammersAPI-V2.00-Open-20010608.pdf

[5] WASP UDDI, WASP Lite: www.systinet.com

[6] Die UDDI Business Registry: http://uddi.microsoft.com/search.aspx

17

Anhang

PriceCheckClient.java

```java
package de.subnet.demos.uddi.client;

import org.idoox.wasp.Context;
import org.idoox.webservice.client.WebServiceLookup;

import org.idoox.uddi.client.UDDIErrorCodes;
import org.idoox.uddi.client.UDDIException;

import org.idoox.uddi.client.structure.v1.business.BusinessKey;
import org.idoox.uddi.client.structure.v1.base.KeyedReference;
import org.idoox.uddi.client.structure.v1.base.Name;
import org.idoox.uddi.client.structure.v1.tmodel.TModelKey;
import org.idoox.uddi.client.structure.v1.service.ServiceKey;
import org.idoox.uddi.client.structure.v1.binding.*;


import org.idoox.uddi.client.api.v1.UDDILookup;
import org.idoox.uddi.client.api.v1.UDDIApiInquiry;

import org.idoox.uddi.client.api.v1.request.inquiry.FindTModel;
import org.idoox.uddi.client.api.v1.request.inquiry.MaxRows;

import org.idoox.uddi.client.api.v1.response.*;

import de.subnet.demos.uddi.client.FindBusinessV1;

public final class PriceCheckClient
{


    /**
     * Lookups PriceCheckService, use it and print out the response from it.
     *
     * @param args   not used.
     */
    public static void main(String[] args)
        throws Exception
    {
        int counter;
        TModelKey tMkey = FindTModelV1.findTModelByName("Preis");

        BusinessInfos bis = FindBusinessV1.findBusinessByTModel(tMkey);
        BusinessInfo bi = bis.getFirst();
        for (counter=0; counter < bis.size(); counter++) {
            System.out.println("Anbieter: " + bi.getName());
            ServiceList sl = FindServiceV1.findServiceByTModel(tMkey,bi.getBusinessKey());

            int cnt;
            ServiceInfos sis = sl.getServiceInfos();
            if (sis.size() == 0) {
                System.out.println("Keine passenden Services!");
                System.out.println("--------- ---------------");
            }
```

18

```
                    ServiceInfo si = sis.getFirst();
                    ServiceKey sk;
                    Name sn;
                    for (cnt=0; cnt < sis.size(); cnt++) {
                            sk = si.getServiceKey();
                            sn = si.getName();
                            BusinessKey bk = si.getBusinessKey();
                            System.out.println("Service gefunden: " + sn + "  Key: " + sk);
                            BindingTemplate bt = FindBindingV1.findBindingByService(sk,tMkey);
                            invoke_service(bt.getAccessPoint());
                            si = sis.getNext();
                    }
                    bi = bis.getNext();
                    System.out.println("------------------------------------------------------");
            }
        }


    public static void invoke_service(AccessPoint uri) throws Exception {
        String serviceURI = uri.getValue();

        System.out.println("Ich rufe den Service " + serviceURI + " auf");

        // lookup service
        WebServiceLookup lookup =
(WebServiceLookup)Context.getInstance(Context.WEBSERVICE_LOOKUP);
        if (serviceURI.indexOf("preis2") == -1) {
            PriceCheckService pc = (PriceCheckService)lookup.lookup(serviceURI,
PriceCheckService.class);
                AvailabilityType avt;
                avt = pc.priceCheck("Produkt");
                System.out.println("SKU: " + avt.sku);
                 System.out.println("Menge: " + avt.quantityAvailable);
                System.out.println("Preis: " + avt.price);
        }
        else {
            PriceCheckService2 pc = (PriceCheckService2)lookup.lookup(serviceURI,
PriceCheckService2.class);
                AvailabilityType avt;
                avt = pc.priceCheck("Produkt");
                System.out.println("SKU: " + avt.sku);
                System.out.println("Menge: " + avt.quantityAvailable);
                System.out.println("Preis: " + avt.price);
        }
    }
}
```

FindBindingV1.java

```java
package de.subnet.demos.uddi.client;

import org.idoox.uddi.client.api.v1.request.inquiry.*;
import org.idoox.uddi.client.structure.v1.base.Name;
import org.idoox.uddi.client.api.v1.request.inquiry.MaxRows;

import org.idoox.uddi.client.api.v1.response.*;
import org.idoox.uddi.client.structure.v1.binding.*;
import org.idoox.uddi.client.structure.v1.tmodel.*;

import org.idoox.uddi.client.api.v1.UDDILookup;
import org.idoox.uddi.client.api.v1.UDDIApiInquiry;

import org.idoox.uddi.client.UDDIErrorCodes;
import org.idoox.uddi.client.UDDIException;

import org.idoox.uddi.client.structure.v1.service.*;

public class FindBindingV1 {
        public static BindingTemplate findBindingByService(ServiceKey sk, TModelKey tmkey)
throws Exception {
                FindBinding fb = new FindBinding();
                fb.setServiceKey(sk);
                fb.addTModelKey(tmkey);

                UDDIApiInquiry inquiry =
UDDILookup.getInquiry("http://susi:8080/wasp/uddi/inquiry/");
                BindingDetail bd = inquiry.find_binding(fb);
                BindingTemplates bts = bd.getBindingTemplates();
                return bts.getFirst();
        }
}
```

FindBusinessV1.java

```java
package de.subnet.demos.uddi.client;

import org.idoox.uddi.client.api.v1.request.inquiry.FindBusiness;
import org.idoox.uddi.client.structure.v1.base.Name;
import org.idoox.uddi.client.api.v1.request.inquiry.MaxRows;

import org.idoox.uddi.client.api.v1.response.BusinessList;
import org.idoox.uddi.client.api.v1.response.BusinessInfos;
import org.idoox.uddi.client.api.v1.response.BusinessInfo;
import org.idoox.uddi.client.structure.v1.business.BusinessKey;
import org.idoox.uddi.client.structure.v1.tmodel.*;

import org.idoox.uddi.client.api.v1.UDDILookup;
import org.idoox.uddi.client.api.v1.UDDIApiInquiry;

import org.idoox.uddi.client.UDDIErrorCodes;
import org.idoox.uddi.client.UDDIException;

/**
 * This is simple standalone example of the UDDIv1 API call find_business by name.
 * <BR>
 * For more complex examples see the demo suite.
 */
public class FindBusinessV1 {

    /**
     * UDDI API v1 call <code>find_business</code>.
     *
     * @param name expected name of the business that should be found.
     */

    public static BusinessInfos findBusinessByTModel(TModelKey tmkey) throws Exception {
        FindBusiness fb = new FindBusiness();
        fb.addTModel(tmkey);
        UDDIApiInquiry inquiry = UDDILookup.getInquiry("http://susi:8080/wasp/uddi/inquiry/");
        BusinessList bl = inquiry.find_business(fb);
        return bl.getBusinessInfos();
    }


    public static void findBusinessByName(String name)
        throws Exception
    {

        System.out.println("Searching for businesses by name where name is '"+name+"'...");

        // Create FindBusiness instance - it's message holder.
        FindBusiness findBusiness = new FindBusiness();

        // Set the expected name of the business that should be found.
        findBusiness.setName(new Name(name));

        // You may specify a maximum number of results.
        findBusiness.setMaxRows(new MaxRows("10"));

        // Get the UDDI inquiry stub for particular URL  to invoke the find_business call.
        UDDIApiInquiry inquiry = UDDILookup.getInquiry("http://susi:8080/wasp/uddi/inquiry/");

        // Invoke.
        BusinessList businessList=inquiry.find_business(findBusiness);
```

```
        // Show the results.
        if (businessList==null) {
            System.err.println("ERROR: Business list is null!");
        }
        else {
            // Business list is holder for results - business infos.
            BusinessInfos businessInfos = businessList.getBusinessInfos();
            System.out.println("\nFound: " + businessInfos.size() + " businesses.\n");

            // Lets go through the result.
            BusinessInfo businessInfo = businessInfos.getFirst();

            BusinessKey result;
            if (businessInfo != null) {
                result=businessInfo.getBusinessKey();

                // Debug.
                while (businessInfo!=null) {
                    System.out.println("BusinessEntity name =
"+businessInfo.getName().getValue());
                    System.out.println("BusinessEntity UUID = "+businessInfo.getBusinessKey());
                    System.out.println("***");
                    businessInfo = businessInfos.getNext();
                }
            }
        }
    }
    /**
     * Main.
     */
    public static void main(String args[])
        throws Exception
    {
        String searchForName="Web";

        System.out.println("\nFind business by name standalone example for UDDI API v1.");
        System.out.println("\nYou may change the name of the business it is searching");
        System.out.println("for (which is '"+searchForName+"' now) directly in source
code.\n");

        // Invoke the example.
        findBusinessByName(searchForName);

        System.out.println("\nJava finished.");
    }
}
```

FindServiceV1.java

```
package de.subnet.demos.uddi.client;

import org.idoox.uddi.client.api.v1.request.inquiry.FindService;
import org.idoox.uddi.client.structure.v1.base.Name;
import org.idoox.uddi.client.api.v1.request.inquiry.MaxRows;

import org.idoox.uddi.client.api.v1.response.*;
import org.idoox.uddi.client.structure.v1.business.BusinessKey;

import org.idoox.uddi.client.api.v1.UDDILookup;
import org.idoox.uddi.client.api.v1.UDDIApiInquiry;

import org.idoox.uddi.client.UDDIErrorCodes;
import org.idoox.uddi.client.UDDIException;

import org.idoox.uddi.client.structure.v1.tmodel.TModelKey;

public class FindServiceV1 {

        public static ServiceList findServiceByTModel(TModelKey tm, BusinessKey bk) throws
UDDIException {
                FindService fs = new FindService();
                fs.setBusinessKey(bk);
                fs.addTModel(tm);
                UDDIApiInquiry inquiry =
UDDILookup.getInquiry("http://susi:8080/wasp/uddi/inquiry/");
                return inquiry.find_service(fs);
        }
}
```

FindTModelV1.java

```java
package de.subnet.demos.uddi.client;

import org.idoox.uddi.client.UDDIErrorCodes;
import org.idoox.uddi.client.UDDIException;

import org.idoox.uddi.client.structure.v1.business.BusinessKey;
import org.idoox.uddi.client.structure.v1.base.KeyedReference;
import org.idoox.uddi.client.structure.v1.base.Name;
import org.idoox.uddi.client.structure.v1.tmodel.TModelKey;

import org.idoox.uddi.client.api.v1.UDDILookup;
import org.idoox.uddi.client.api.v1.UDDIApiInquiry;

import org.idoox.uddi.client.api.v1.request.inquiry.FindTModel;
import org.idoox.uddi.client.api.v1.request.inquiry.MaxRows;

import org.idoox.uddi.client.api.v1.response.TModelInfo;
import org.idoox.uddi.client.api.v1.response.TModelInfos;
import org.idoox.uddi.client.api.v1.response.TModelList;


public class FindTModelV1 {
    public static TModelKey findTModelByName(String name)throws Exception
    {
        System.out.println("Suche nach tModels mit NAME = " + name + "...");

        // FindTModel instance - see org.idoox.uddi.client.request.inquiry.FindTModel
        FindTModel findTModel = new FindTModel();

        // set expected name of the tModel that should be found
        findTModel.setName(new Name(name));

        // you can specify a maximum number of results
        findTModel.setMaxRows(new MaxRows("10"));

        // API call find_tModel on UDDIInquiryPort - see
org.idoox.uddi.client.api.v1.UDDIApiInquiry
        // TModelList - structure that is returned - see
org.idoox.uddi.client.v1.response.TModelList
        UDDIApiInquiry inquiry = UDDILookup.getInquiry("http://susi:8080/wasp/uddi/inquiry/");
        TModelList tModelList = inquiry.find_tModel(findTModel);

        //show results
        return showTModelList(tModelList);
    }

    private static TModelKey showTModelList(TModelList tModelList)
    {
        if(tModelList==null) {
            System.err.println("ERROR: TModel list is null!");
            return null;
        }
        else{
            // Parsing TModelList
            TModelInfos tModelInfos = tModelList.getTModelInfos();
            int size = tModelInfos.size();
            System.out.println(" ");
            System.out.println("Anzahl gefundene TModels: " + size);
            System.out.println(" ");
```

24

```
            TModelInfo tModelInfo = tModelInfos.getFirst();

            TModelKey result;
            if (tModelInfo == null) return null;
            else {
                result=tModelInfo.getTModelKey();
                System.out.println(" ");
                System.out.println("Erster TModelKey: " + result);
                System.out.println(" ");
                System.out.println(" ");
                System.out.println("Name: " + tModelInfo.getName());
                System.out.println(" ");
            }


            return result;
        }
    }
}
```

BEI GRIN MACHT SICH IHR WISSEN BEZAHLT

- Wir veröffentlichen Ihre Hausarbeit,
  Bachelor- und Masterarbeit

- Ihr eigenes eBook und Buch -
  weltweit in allen wichtigen Shops

- Verdienen Sie an jedem Verkauf

Jetzt bei www.GRIN.com hochladen
und kostenlos publizieren